Rolf Krenzer/Martin Göth:
Ägypter-Lieder
8 wunderschöne neue Ägypter-Lieder für Kinder zum Mitsingen, Tanzen und Bewegen

Das Liederbuch mit allen Texten, Noten und Gitarrengriffen zum Mitsingen und Mitspielen

Gesammelt und herausgegeben von Stephen Janetzko

Ägypter-Lieder für Kinder - Das Liederbuch mit allen Texten, Noten und Gitarrengriffen zum Mitsingen und Mitspielen

Copyright © 2015 Verlag Stephen Janetzko, Erlangen
www.kinderliederhits.de
Alle Lieder verlegt bei Edition SEEBÄR-Musik Stephen Janetzko, Erlangen
Online-Shop im Internet unter **www.kinderlieder-shop.de**
Coverillus: *Stephen Janetzko Lizenzgeber*
Covergrafik, Notensatz, grafische Vorbereitung und Idee: Stephen Janetzko
All rights reserved.

ISBN-10: 395722084X

ISBN-13: 978-3-95722-084-4

Ägypter-Lieder für Kinder - Das Liederbuch mit allen Texten, Noten und Gitarrengriffen zum Mitsingen und Mitspielen

Inhaltsverzeichnis

Lieder: **Seite:**
Guten Tag, guten Tag 4
Die Bauern am Nil 6
Das Lied vom Korn 8
Das Lied vom Bildermalen 10
Steigt mit mir ins Segelschiff 12
Wer hat Angst vorm Krokodil? 13
Karawanen-Song 14
Das Lied von der großen Pyramide 16

Guten Tag, guten Tag!

Text: Rolf Krenzer · Musik: Martin Göth

Refrain:
Guten Tag, guten Tag!
Einen guten neuen Tag!
Guten Tag, guten Tag!
Einen guten neuen Tag!

2. Ich wünsch dir eine dicke Haut
und dass dich keiner heut' beklaut,
dass du dich nicht verletzt, nicht fällst
und keinem in den Weg dich stellst,
dass du mit dem, was heute ist,
zufrieden bist.

Refrain:
Guten Tag, guten Tag!
Einen guten neuen Tag!
Guten Tag, guten Tag!
Einen guten neuen Tag!

3. Ich wünsch dir in der Schule Spaß
und keinen Streit und keinen Hass.
Auch Spaß bei allem, was du tust
und dass du heut' nicht weinen musst.
Denn dann erfährst du sicherlich:
Sie mögen dich!

Refrain:
Guten Tag, guten Tag!
Einen guten neuen Tag!
Guten Tag, guten Tag!
Einen guten neuen Tag!

Die Bauern am Nil

Text: Rolf Krenzer · Musik: Martin Göth

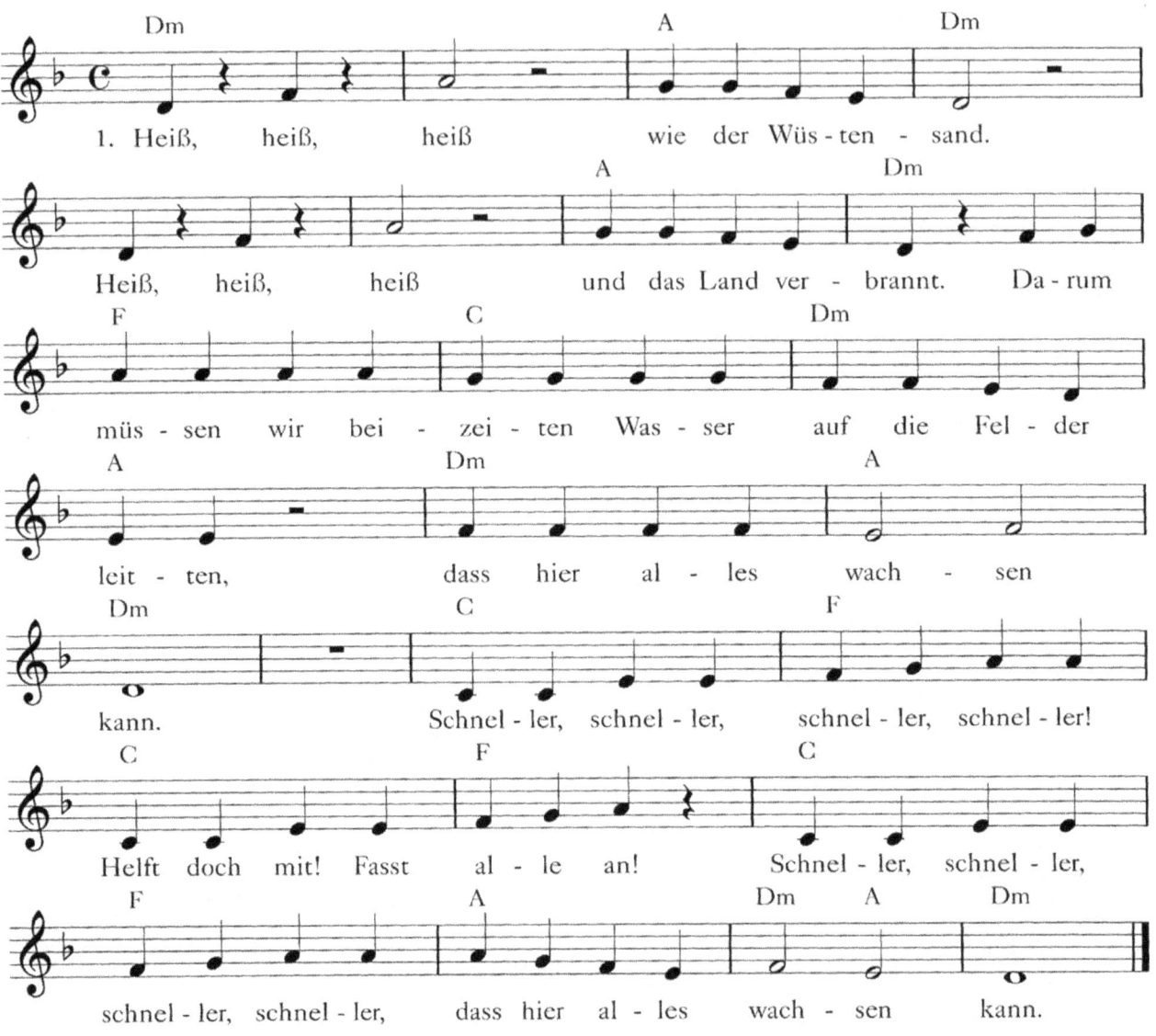

2. Heiß, heiß, heiß wie der Wüstensand.
Heiß, heiß, heiß
und das Land verbrannt.
Kommt das Wasser in Kanälen,
können wir das Feld bestellen,
dass hier alles wachsen kann.

Schneller, schneller, schneller, schneller!
Helft doch mit! Fasst alle an!
Schneller, schneller, schneller, schneller,
dass hier alles wachsen kann.

3. Heiß, heiß, heiß. Schon ist Erntezeit.
Heiß, heiß, heiß,
macht euch schnell bereit.
Denn der Fluss steigt jetzt schon weiter,
überschwemmt, wird immer breiter.
Bringt die Ernte schnell herein,
schneller, schneller, schneller, schneller!
Jetzt muss jeder fleißig sein!
Schneller, schneller, schneller, schneller,
bringt die Ernte schnell herein!

4. Höchste Zeit! Seid ihr all bereit?
Kommt die Flut,
dann seid auf der Hut!
Dass sie uns nicht überschwemmen,
müssen wir die Fluten dämmen,
und der Nil lässt uns zum Glück,
wenn er abzieht, wenn er abzieht,
nur den schwarzen Schlamm zurück,
wenn er abzieht, wenn er abzieht,
nur den schwarzen Schlamm zurück.

5. Heiß, heiß, heiß wie der Wüstensand.
Heiß, heiß, heiß
und das Land verbrannt.
Wieder müssen wir beizeiten
Wasser auf die Felder leiten,
dass hier alles wachsen kann.
Schneller, schneller, schneller, schneller!
Helft doch mit! Fasst alle an!
Schneller, schneller, schneller, schneller,
dass hier alles wachsen kann.

Spielanregung:
Wir zeigen alles, was getan werden muss, mit unseren Händen und dem ganzen Körper.
Wir werden immer schneller dabei.

Das Lied vom Korn

Text: Rolf Krenzer · Musik: Martin Göth

2. Mäht das reife Korn,
mäht das reife Korn,
hei, wie schneidet jetzt das Messer,
schneidet besser, schneidet besser.
Hei, wie schneidet jetzt das Messer,
wenn die Erntezeit fängt an.
Weil das Korn gut steht,
wenn's zur Ernte geht,
freuen alle sich daran...

3. Drescht das reife Korn,
drescht das reife Korn,
wenn sich Spreu und Körner scheiden,
fliegt die Spreu nach allen Seiten.
Wenn sich Spreu und Körner scheiden,
sammelt alle Körner schnell!
Wenn sie trocken sind,
weiß doch jedes Kind,
wird daraus das beste Mehl...

4. Mahlt das reife Korn,
mahlt das reife Korn,
rühren sich jetzt flinke Hände,
habt ihr weißes Mehl am Ende.
Rühren sich jetzt flinke Hände,
backt aus Mehl das beste Brot.
Wenn ein jeder hat,
wird ein jeder satt,
und wir leiden keine Not...

Das Lied vom Bildermalen

Text: Rolf Krenzer · Musik: Martin Göth

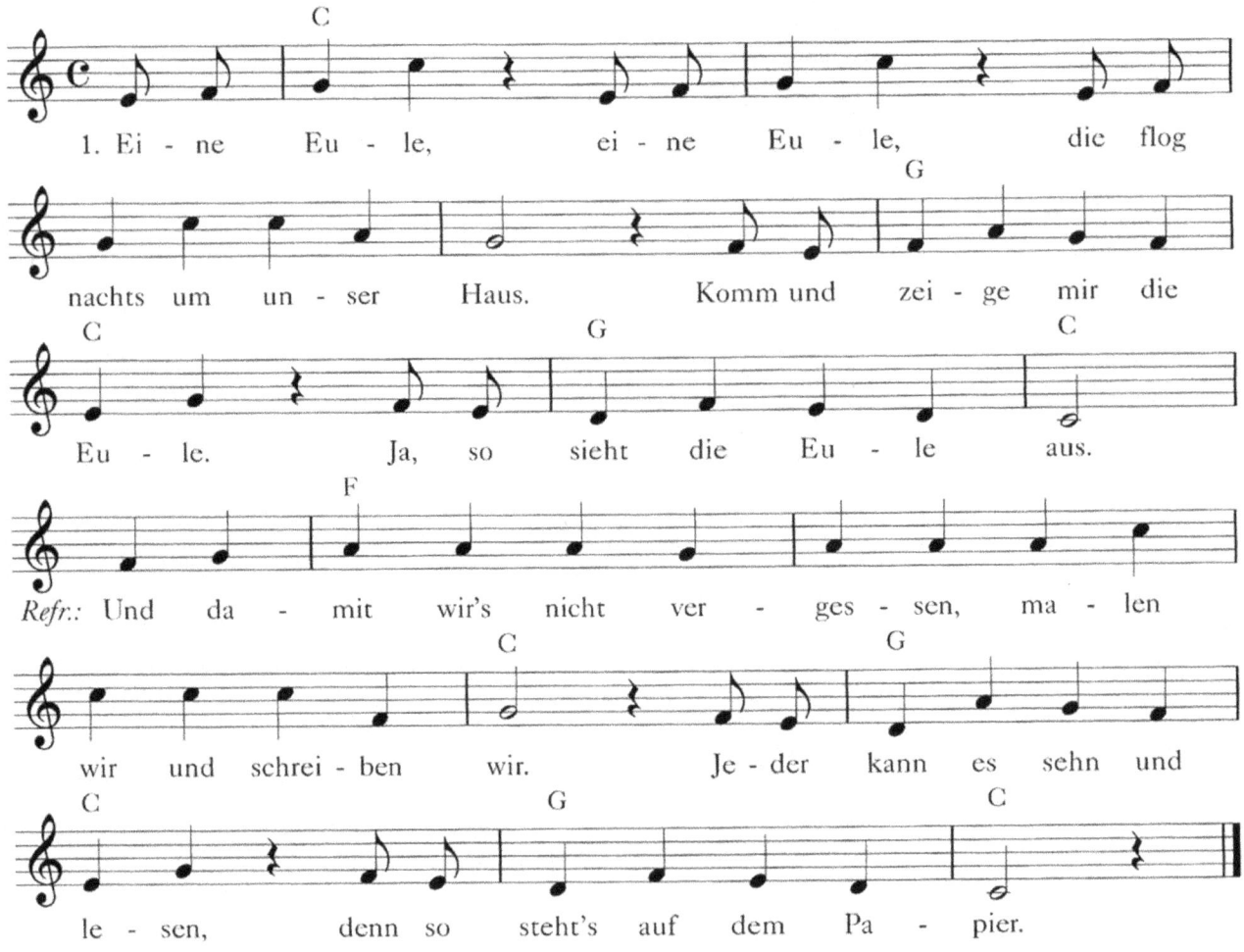

1. Eine Eule, eine Eule, die flog nachts um unser Haus. Komm und zeige mir die Eule. Ja, so sieht die Eule aus.

Refr.: Und damit wir's nicht vergessen, malen wir und schreiben wir. Jeder kann es sehn und lesen, denn so steht's auf dem Papier.

2. Eine Schlange, eine Schlange
kriecht durchs Gras. Bleib besser stehn,
denn dann können wir die Schlange
auch von hier aus noch gut sehn.

3. Eine Blume, eine Blume
öffnet ihre Blüten dann.
Eine Blume, eine Blume!
Kommt und freut euch auch daran!

4. Einen Hocker, einen Hocker,
der den müden Leuten nützt.
Schau, ich zeige dir den Hocker,
auf dem grade niemand sitzt.

5. Auf zwei Stelzen, auf zwei Stelzen
fange ich zu laufen an.
Und du siehst mich auf den Stelzen
und du staunst, weil ich das kann.

6. Brot und Wasser, Brot und Wasser,
ohne die kommt keiner aus.
Haben wir heut Brot und Wasser,
geht's uns gut bei uns zu Haus.

7. Schau, die Sonne, schau, die Sonne
scheint uns mitten ins Gesicht.
Ohne Sonne, ohne Sonne
hätten wir noch nicht mal Licht.

8. Wenn wir malen und beschreiben,
was wir heute alles sehn,
dann wird ohne übertreiben
unser Bild ganz wunderschön!

Spielanregung:
Wir zeigen die einzelnen Tiere und Dinge, von denen wir singen. Und malen sie dann.
So entsteht nach und nach ein buntes Bild.
Wenn wir alles so vereinfacht zeichnen und ausmalen, dass man es immer noch erkennen kann, können wir unsere Bilder mit den Hieroglyphen vergleichen und weitere malen.
Zum Beispiel: verschiedene Blumen, Löwe, Hase, Mäuschen, süße Trauben, Brotkorb, Trinkglas, Löffel, Welle usw.

Steigt mit mir ins Segelschiff

Text: Rolf Krenzer · Musik: Martin Göth

Refrain

1. Steigt mit mir ins Segelschiff. Setzt die Segel! Dann bläst der Wind die Segel auf, treibt uns schnell voran. Steigt ein, fahrt mit und lasst den Wind euch um die Ohren wehn. Wir fahren mit dem Segelschiff und das ist wunderschön!

2. Steigt mit mir ins Ruderboot!
Nehmt die Ruder! Dann
rudern wie mit eigner Kraft
kommen schnell voran.
Fahrt mit! So rudern wir im Takt,
so gut es jeder kann.
Wir fahren mit dem Ruderboot
und kommen schnell voran!

3. Steig zu mir ins Paddelboot.
Du bist Kapitän!
Du sitzt vor mir in dem Boot und
kannst dort am besten sehn.
Die Wellen tanzen um das Boot.
Wir schauen ihnen zu.
Wir fahren mit dem Paddelboot,
wir beide, ich und du!

Wer hat Angst vorm Krokodil?

Text: Rolf Krenzer · Musik: Martin Göth

1. V: Wer hat Angst vorm Kro-ko-dil? A: Wir fürch-ten uns doch nicht! Drum lauft, lauft, lauft, drum lauft, lauft, lauft, dass es uns nicht er-wischt. Drum lauft, lauft, lauft, drum lauft, lauft, lauft, dass es uns nicht er-wischt.

2. Wer hat Angst vorm Löwen gar?
Wir fürchten uns doch nicht!
Drum lauft, lauft, lauft,
drum lauft, lauft, lauft,
dass er uns nicht erwischt...

3. Wer hat Angst vorm Flusspferd noch?
Wir fürchten uns doch nicht!
Drum lauft, lauft, lauft,
drum lauft, lauft, lauft,
dass es uns nicht erwischt...

4. Wer hat Angst vorm bösen Geist?
Wir fürchten uns doch nicht!
Drum lauft, lauft, lauft,
drum lauft, lauft, lauft,
dass er uns nicht erwischt...

Karawanen-Song

Text: Rolf Krenzer · Musik: Martin Göth

Refrain

Durch den Wüs-ten-sand in dem Wüs-ten-land
auf der lan-gen Wüs-ten-stra-ße von O-a-se zu O-a-se.
Durch den Wüs-ten-sand in dem Wüs-ten-land
kommt die Ka-ra-wa-ne an. U-lu o-lu wan-tan,
u-lu o-lu wan. U-lu o-lu wan-tan, u-lu o-lu wan.
U-lu o-lu wan-tan, u-lu o-lu wan! Wer
mit Ä-gyp-ten han-deln will, der hängt sich hin-ten dran.

1. Silber aus Babylonien,
Wolle kommt aus Libyen,
Gold und Holz aus Sinai.
Das trägt die Karawane,
das bringt die Karawane
in das Ägypterland.

2. Marmor aus Phönizien,
Stoffe noch aus Syrien,
Edelsteine aus Sinai ...
Das trägt die Karawane,
das bringt die Karawane
aus dem Ägypterland.

3. Eisen aus Kleinasien,
Kupfer auch aus Syrien,
Öl und Wein aus Griechenland.
Das trägt die Karawane,
das bringt die Karawane
in das Ägypterland.

4. Papyrus und Getreide,
Honig, feinste Salben,
und Parfüms mit bestem Duft.
Das trägt die Karawane,
das bringt die Karawane
aus dem Ägypterland.

Das Lied von der großen Pyramide

Text: Rolf Krenzer · Musik: Martin Göth

2. Menschen werden angetrieben,
dass ein Bau entsteht,
der, das ist nicht übertrieben,
bis zum Himmel geht.
Weil der Pharao so mächtig,
lässt er uns nicht los.
Und sein Grabmal wird so prächtig
und unendlich groß.

3. So viel Menschen, so viel Menschen
bauen lange Zeit,
bauen eine Pyramide
für die Ewigkeit.
Heiß brennt tags die Sonne nieder
auf den Wüstensand.
Tag für Tag kommt jeder wieder
müd und ausgebrannt.

4. Viele Menschen, deren Namen
keiner heut mehr weiß,
bauten eine Pyramide
ganz aus Stein und Schweiß.
Viele wurden einst verpflichtet
aus dem ganzen Land.
Nur die Pharaonen-Namen
sind bis heut bekannt.

Die CD zum Buch
(enthält u.a. alle Lieder aus diesem Liederbuch):

Rolf Krenzer/Martin Göth:
Lieder und Geschichten von den kleinen Ägyptern
Mit Rolf Krenzer und Martin Göth auf Entdeckungsreise in die Welt der Ägypter.

Die kleinen Ägypter – Download-Sonderausgabe der Edition SEEBÄR-Musik Stephen Janetzko: **Diese CD ist ausschließlich als Download erhältlich!**

Über die CD:
»Du hast dich verhört! Wir haben nur zwei Ziegen, nicht drei!«. Pepis Vater ist entsetzt, dass der Junge sich einmischt, als der mächtige Schreiber Mendek die Tiere des Bauern zählt. Doch Mendek ist tief beeindruckt, dass Pepi lesen kann. Er nimmt ihn mit nach Memphis in den Palast des Pharaos und lässt ihn dort zum Schreiber ausbilden.
Spannend erzählt Rolf Krenzer (1936-2007) vom Leben der Ägypter im »Zeitalter der Pyramiden« vor mehr als 4.000 Jahren.
Dazu gibt es eingängige Lieder, die der bekannte Regensburger Domspatz und Kinderliedermacher Martin Göth komponiert hat. Sie laden die Zuhörer zum Mitsingen und Mitmachen ein und runden diese erste Begegnung mit der faszinierenden Welt der Ägypter ab.

Alterszielgruppe ca. ab 5-10 Jahre, ideal 6-9 Jahre / Spieldauer ca. 69:11 min.
INFO & SHOP: **www.kinderliederhits.de** - © SEEBÄR-Musik (Labelcode LC 05037)

Weitere CD-Empfehlung aus dieser Reihe:
(Indianer-Ritter-Wikinger-Ägypter-Römer):

Rolf Krenzer/Martin Göth:
Lieder und Geschichten von den kleinen Wikingern
Mit Rolf Krenzer und Martin Göth auf Entdeckungsreise in die Welt der Wikinger

Die kleinen Wikinger - Neuausgabe der Edition SEEBÄR-Musik Stephen Janetzko:

Über die CD: Von Olli, Thorolf, Sigurd, Helga und ihren Freunden am Wikingerhof, vom Bau des Schiffs "Drachenschlange", von der Begegnung mit den gefährlichen Wölfen, von langen und dunklen Wintertagen und vom Sonnwendfeuer, aber auch von Not und von Beutezügen - von diesem und vielem mehr erzählt Rolf Krenzer (1936-2007).
Er beschreibt das Leben der kleinen und großen Wikinger für Kinder und aus der Perspektive der Kinder.
Die eingängigen Piraten-, Seeräuber- und Wikingerlieder, die der bekannte Regensburger Domspatz und Kinderliedermacher Martin Göth komponiert hat, laden die Zuhörer zum Mitsingen und Mitmachen ein und runden diese erste Begegnung mit der faszinierenden Welt der Wikinger ab.
Extra: Bonusmaterial - Alle Noten, Texte & Gitarrengriffe sind als PDF-Dateien als CD-Extra auf der CD enthalten.

Alterszielgruppe ca. ab 3-10 Jahre, ideal 5-8 Jahre / Spieldauer ca. 1 Stunde
Bestellnummer 91033-249 - ISBN 978-3-940918-94-9
INFO & SHOP: **www.kinderliederhits.de** - © SEEBÄR-Musik (Labelcode LC 05037)

WEITERE BÜCHER IM VERLAG STEPHEN JANETZKO (u.a.):

- Rolf Krenzer/Martin Göth:
Ritter-Lieder - 10 wunderschöne neue Ritter-Lieder für Kinder zum Mitsingen, Tanzen und Bewegen:
Das Liederbuch mit allen Texten, Noten und Gitarrengriffen zum Mitsingen und Mitspielen-
ISBN 978-3-95722-081-3

- Rolf Krenzer/Stephen Janetzko:
Indianer-Lieder - 10 wunderschöne neue Indianer-Lieder für Kinder zum Mitsingen, Tanzen und Bewegen:
Das Liederbuch mit allen Texten, Noten und Gitarrengriffen zum Mitsingen und Mitspielen-
ISBN 978-3-95722-080-6

- Stephen Janetzko:
Stark wie ein Baum - Frühling, Natur, Ostern, Walpurgisnacht, Muttertag:
Das Liederbuch mit allen Texten, Noten und Gitarrengriffen zum Mitsingen und Mitspielen-
ISBN 978-3-95722-079-0

- Christa Baumann/Stephen Janetzko:
Früchte, Früchte, Früchte - Basteln, Spielen und Experimentieren rund um Natur, Obst, Kräuter und Rohkost.
Mit 30 einfachen Liedern, Rezepten, Geschichten und vielen Kreativideen -
ISBN 978-3-95722-051-3

- Kati Breuer & Stephen Janetzko:
Polonäse - Neue Kinderlieder zum Ankommen, Bewegen, Mitmachen, Ausruhen und Tschüs sagen:
Das Liederbuch mit allen Texten, Noten und Gitarrengriffen zum Mitsingen und Mitspielen-
ISBN 978-3-95722-071-4

- Kati Breuer:
Piepmatzlieder - 25 frische Singhits für fröhliche Kinder zum Schaukeln, Trippeln, Stampfen und Zappeln:
Das Liederbuch mit allen Texten, Noten und Gitarrengriffen zum Mitsingen und Mitspielen -
ISBN 978-3-95722-078-3

- Christina Klenz:
Gute Nacht, flüstert die Elfe: Eine zauberhafte Einschlafgeschichte mit Fantasiereise -
ISBN 978-3-95722-077-6

- Stephen Janetzko:
Es schneit, es schneit, es schneit! – Ein Schnee-und-Winter-Lieder-Buch:
Das Liederbuch mit allen Texten, Noten und Gitarrengriffen zum Mitsingen und Mitspielen (Viele neue Schnee-Lieder für Winter und Fasching) -
ISBN 978-3-95722-076-9

- Christa Baumann/Stephen Janetzko:
Und wieder brennt die Kerze - Das große Mitmach-Buch für Advent und Weihnachten:
Mit 25 einfachen Liedern, Kreativideen, Rezepten, Geschichten und tollen Winter-Aktionen -
ISBN 978-3-95722-068-4

- Stephen Janetzko:
Augen Ohren Nase - Neue Mitmach-, Lern- und Spielkreis-Lieder von Stephen Janetzko:
Das Liederbuch mit allen Texten, Noten und Gitarrengriffen zum Mitsingen und Mitspielen -
ISBN 978-3-95722-070-7

- Stephen Janetzko:
Das Licht einer Kerze - Die 25 schönsten Weihnachtslieder:
Das Liederbuch mit allen Texten, Noten und Gitarrengriffen zum Mitsingen und Mitspielen -
ISBN 978-3-95722-067-7

- Stephen Janetzko:
Der Herbst ist da - Die 25 schönsten Herbstlieder:
Das Liederbuch mit allen Texten, Noten und Gitarrengriffen zum Mitsingen und Mitspielen -
ISBN 978-3-95722-065-3

- Christa Baumann/Stephen Janetzko:
Ein bisschen so wie Martin - Das große Kindergarten-Buch für Herbst und Sankt Martin:
Mit 25 bekannten und neuen Liedern fürs Laternenfest, vielen Geschichten und tollen Herbst-Aktionen -
ISBN 978-3-95722-064-6

- Stephen Janetzko:
Sankt Martin ritt durch Schnee und Wind - Die 25 schönsten Laternenlieder:
Das Liederbuch mit allen Texten, Noten und Gitarrengriffen zum Mitsingen und Mitspielen -
ISBN 978-3-95722-061-5

- Christa Baumann/Stephen Janetzko:
Indianer - Das große Lieder-Geschichten-Spiele-Bastelbuch.
Singen, reiten, kochen, erzählen, tanzen, feiern, trommeln und kreativ sein mit vielen tollen und einfachen Indianer-Aktionen für Kinder-
ISBN 978-3-95722-060-8

Zu allen Büchern sind begleitende CDs separat erhältlich!

... mehr Info, mehr CDs, mehr Lieder & Noten:
www.kinderliederhits.de

Alle Rechte vorbehalten.

Dieses Werk ist urheberrechtlich geschützt. Jegliche Vervielfältigung und Verwertung ist nur mit Zustimmung der Autoren bzw. des Verlags zulässig. Das gilt insbesondere für Übersetzungen, die Einspeicherung und Verarbeitung in elektronischen Systemen sowie für das öffentliche Zugänglichmachen wie zum Beispiel über das Internet.
Ein Nachdruck oder eine Weiterverwertung ist nur mit schriftlicher Genehmigung des Verlags möglich.

© Verlag Stephen Janetzko, **www.kinderliederhits.de**

www.ingramcontent.com/pod-product-compliance
Lightning Source LLC
Chambersburg PA
CBHW081504040426

42446CB00016B/3394